Einstern
Mathematik für Grundschulkinder

3

Themenheft 5
✦ Multiplikation und Division
✦ Größenbereich Gewicht

Erarbeitet von Roland Bauer und Jutta Maurach

In Zusammenarbeit mit der
Cornelsen Redaktion Grundschule

Cornelsen

Einstern 3

Mathematik für Grundschulkinder
Themenheft 5
Multiplikation und Division
Größenbereich Gewicht

Erarbeitet von:	Roland Bauer, Jutta Maurach
Fachliche Beratung:	Prof'in Dr. Silvia Wessolowski
Fachliche Beratung exekutive Funktionen:	Dr. Sabine Kubesch, INSTITUT BILDUNG plus, im Auftrag des ZNL TransferZentrum für Neurowissenschaften und Lernen, Ulm
Redaktion:	Friederike Thomas, Peter Groß, Uwe Kugenbuch
Illustration:	Yo Rühmer
Illustration der Geldscheine und Münzen:	Chrinstine Wächter
Umschlaggestaltung:	Cornelia Gründer, agentur corngreen, Leipzig
Layout und technische Umsetzung:	lernsatz.de

fex steht für *Förderung exekutiver Funktionen*. Hierbei werden neueste Erkenntnisse der kognitiven Neurowissenschaft zum spielerischen Training exekutiver Funktionen für die Praxis nutzbar gemacht. **fex** wurde vom **ZNL TransferZentrum für Neurowissenschaften und Lernen** *(www.znl-ulm.de)* an der Universität Ulm gemeinsam mit der **Wehrfritz GmbH** *(www.wehrfritz.com)* ins Leben gerufen. Der Cornelsen Verlag hat in Kooperation mit dem ZNL ein Konzept für die Förderung exekutiver Funktionen im Unterrichtswerk *Einstern* entwickelt.

Bildnachweis
7 Euroscheine: Cornelsen/Christine Wächter/Deutsche Bundesbank   **26, 39** Profilfoto Marek Lange, Berlin   **28** André Suhr, Berlin

www.cornelsen.de

1. Auflage, 4. Druck 2023

Alle Drucke dieser Auflage sind inhaltlich unverändert
und können im Unterricht nebeneinander verwendet werden.

© 2016 Cornelsen Schulverlage GmbH, Berlin
© 2017 Cornelsen Verlag GmbH, Berlin

Druck: Athesiadruck GmbH

ISBN 978-3-06-083695-6
ISBN 978-3-06-084230-8 (E-Book: alle Themenhefte 3)

PEFC-zertifiziert
Dieses Produkt stammt aus nachhaltig bewirtschafteten Wäldern
PEFC
PEFC/18-31-166   www.pefc.de

Inhaltsverzeichnis

1 Suche dir ein anderes Kind. Jeder von euch schreibt auf Kärtchen die Zahlen von 0 bis 10 und legt diese verdeckt vor sich auf den Tisch. Nun deckt jeder von euch eine Karte auf. Bildet aus den beiden Zahlen zwei Malaufgaben und nennt die passende Lösung.

Das kannst du schon.

2 Rechne und schreibe die Ergebnisse auf.

a) $3 \cdot 6 =$ ▢
$7 \cdot 8 =$ ▢
$5 \cdot 7 =$ ▢
$8 \cdot 5 =$ ▢

b) $3 \cdot 9 =$ ▢
$7 \cdot 2 =$ ▢
$0 \cdot 5 =$ ▢
$6 \cdot 4 =$ ▢

c) $8 \cdot 3 =$ ▢
$7 \cdot 4 =$ ▢
$8 \cdot 6 =$ ▢
$9 \cdot 9 =$ ▢

Seite 5 Aufgabe 2
a) 1 8, ...
b) ...

3 Finde zu jeder Aufgabe die beiden Nachbaraufgaben. Berechne die Lösungen.

a) $5 \cdot 3 =$ ▢
$7 \cdot 6 =$ ▢
$8 \cdot 7 =$ ▢
$9 \cdot 2 =$ ▢

b) $6 \cdot 2 =$ ▢
$9 \cdot 3 =$ ▢
$5 \cdot 6 =$ ▢
$8 \cdot 9 =$ ▢

c) $4 \cdot 8 =$ ▢
$6 \cdot 7 =$ ▢
$5 \cdot 5 =$ ▢
$9 \cdot 6 =$ ▢

Seite 5 Aufgabe 3
a) $4 \cdot 3 = 1 2$ ...
      $5 \cdot 3 = 1 5$ $7 \cdot 6 = ...$
      $6 \cdot 3 = 1 8$ ...

4 Finde zu jeder Aufgabe eine Verdopplungsaufgabe. Berechne die Lösungen.

a) $3 \cdot 4 =$ ▢

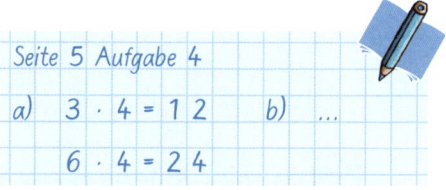

b) $5 \cdot 8 =$ ▢

c) $2 \cdot 7 =$ ▢

d) $5 \cdot 9 =$ ▢

e) $2 \cdot 6 =$ ▢

f) $4 \cdot 4 =$ ▢

Seite 5 Aufgabe 4
a) $3 \cdot 4 = 1 2$ b) ...
      $6 \cdot 4 = 2 4$

5 Suche dir ein anderes Kind. Einer von euch rechnet mit dem Taschenrechner, der andere im Kopf. Wer ist schneller? Sucht selbst weitere Aufgaben.

$2 \cdot 9 =$ ▢ $6 \cdot 8 =$ ▢ $9 \cdot 7 =$ ▢ $4 \cdot 6 =$ ▢ $6 \cdot 3 =$ ▢
$7 \cdot 7 =$ ▢ $6 \cdot 9 =$ ▢ $7 \cdot 3 =$ ▢ $7 \cdot 9 =$ ▢ $9 \cdot 5 =$ ▢

Mal- und Geteiltaufgaben üben

1 Rechne und schreibe die Ergebnisse auf.
Kontrolliere mit der Umkehraufgabe.

a) $27 : 3 =$ ☐
  $48 : 6 =$ ☐
  $36 : 9 =$ ☐
  $72 : 8 =$ ☐

b) $49 : 7 =$ ☐
  $45 : 9 =$ ☐
  $32 : 4 =$ ☐
  $54 : 6 =$ ☐

c) $24 : 8 =$ ☐
  $63 : 7 =$ ☐
  $20 : 4 =$ ☐
  $72 : 9 =$ ☐

Seite 6 Aufgabe 1
a) 9, denn $9 \cdot 3 = 27$ b) ...
  ⋮

Das kannst du schon.

2 Finde zu jeder Aufgabe die vorausgehende
und die nachfolgende Geteiltaufgabe.
Berechne die Lösungen.

a) $15 : 3 =$ ☐
  $14 : 2 =$ ☐
  $16 : 4 =$ ☐
  $12 : 6 =$ ☐

b) $40 : 8 =$ ☐
  $27 : 9 =$ ☐
  $36 : 4 =$ ☐
  $48 : 6 =$ ☐

c) $56 : 8 =$ ☐
  $54 : 9 =$ ☐
  $28 : 7 =$ ☐
  $36 : 6 =$ ☐

Seite 6 Aufgabe 2
a) $12 : 3 = 4$
    $15 : 3 = 5$ ...
    $18 : 3 = 6$

3 Übe mit der Einmaleinstabelle.

a) Übertrage die Tabelle in dein Heft und fülle sie
vollständig aus. Benutze dein Lineal.

·	4	6	☐	8	☐	5	7
7	☐	☐	☐	☐	☐	☐	☐
5	☐	☐	45	☐	☐	☐	☐
9	☐	☐	☐	☐	☐	☐	☐
3	☐	☐	☐	☐	☐	☐	☐
6	☐	☐	☐	☐	☐	☐	☐
4	☐	☐	☐	☐	☐	☐	28
8	☐	☐	☐	☐	24	☐	☐
10	☐	☐	☐	☐	☐	☐	☐

Seite 6 Aufgabe 3
a) · | 4 | 6 ...   b) ...
    7 | 28 ...
    5 ...
    9 ...

$28 : 4 = 7$
$28 : 7 = 4$

b) Wähle mindestens 5 der Ergebniszahlen aus.
Schreibe je 2 passende Geteiltaufgaben dazu.

c) Finde mindestens 3 Zahlen, zu denen es mehr als zwei Geteiltaufgaben gibt.
Notiere jeweils die Zahl und die dazugehörenden Aufgaben.

d) Suche Zahlen, zu denen du nur eine Geteiltaufgabe findest.
Notiere die Zahlen und jeweils die Geteiltaufgabe dazu.

★ wenden die Zahlensätze des kleinen Einmaleins sowie deren Umkehrungen automatisiert und flexibel an
★ nutzen und erklären Rechenstrategien und entwickeln vorteilhafte Lösungswege

1 Schreibe zu jedem Bild die Plus- und die Malaufgabe auf.

a)

Seite 7 Aufgabe 1

a) 20 € + 20 € + 20 € = 60 €   b) ...

3 · 20 € = 60 €

b)

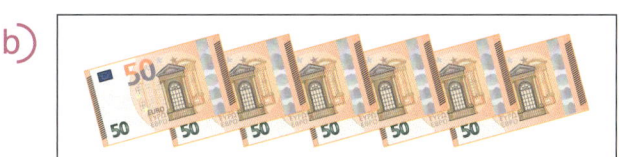

c)

d)

e)

2 Löse die Aufgaben.
Du kannst auch Rechenbilder zeichnen oder mit Zehnerstangen legen.

a) 3 · 50   b) 5 · 40   c) 3 · 70

d) 8 · 30   e) 6 · 20   f) 5 · 60

Seite 7 Aufgabe 2

a) 3 · 50 = 150   b) ...

g) Denke dir selbst zwei passende Aufgaben aus.

★ übertragen ihre Kenntnisse über die Zahlensätze des kleinen Einmaleins in größere Zahlenräume
★ übersetzen Sachsituationen in ein mathematisches Modell
★ übertragen eine Darstellung in eine andere

5 · 4 = 20
und 5 · 40 = 200
sind verwandte
Aufgaben.

4 + 4 + 4 + 4 + 4 = 20
5 · 4 = 20

40 + 40 + 40 + 40 + 40 = 200
5 · 40 = 200

1 Schreibe zu jedem Bild eine Plus- und eine Malaufgabe in dein Heft.

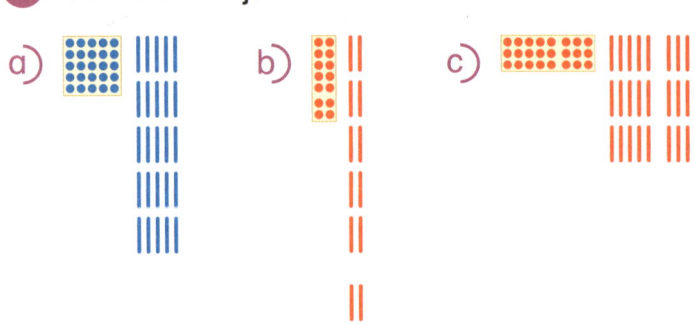

a) b) c)

Seite 8 Aufgabe 1

a)   5 +   5 +   5 +   5 +   5 =   2 5

                          5 ·   5 =   2 5

      5 0 + 5 0 + 5 0 + 5 0 + 5 0 = 2 5 0

                        5 · 5 0 = 2 5 0

b)   ...

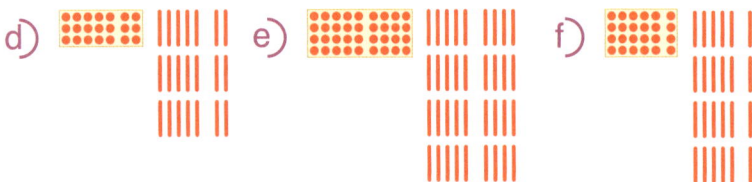

d) e) f)

2 Löse die Aufgaben.
Du kannst auch Rechenbilder zeichnen oder mit Zehnerstangen legen.

a) 3 · 6 = ☐   b) 4 · 2 = ☐   c) 7 · 5 = ☐
   3 · 60 = ☐   4 · 20 = ☐   7 · 50 = ☐

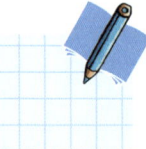

Seite 8 Aufgabe 2

a) 3 ·   6 =   1 8   b)   ...

   3 · 6 0 = 1 8 0

d) 6 · 4 = ☐   e) 8 · 3 = ☐   f) 3 · 7 = ☐
   6 · 40 = ☐   8 · 30 = ☐   3 · 70 = ☐

g) Denke dir selbst zwei passende Aufgabenpaare aus.

 8 5 6   3 6 9 4   7 2 5 8 3

 21   12   48

8

Verwandte Aufgaben als Rechenhilfe nutzen

$3 \cdot 2 = 6$

Jeder hat 10-mal so viele.

$3 \cdot 20 = 60$

1 Löse verwandte Aufgabenpaare.

a) $5 \cdot 3 =$ ☐
$5 \cdot 30 =$ ☐

b) $7 \cdot 4 =$ ☐
$7 \cdot 40 =$ ☐

c) $8 \cdot 6 =$ ☐
$8 \cdot 60 =$ ☐

d) $4 \cdot 9 =$ ☐
$4 \cdot 90 =$ ☐

e) $9 \cdot 7 =$ ☐
$9 \cdot 70 =$ ☐

f) $6 \cdot 5 =$ ☐
$6 \cdot 50 =$ ☐

Seite 9 Aufgabe 1
a) 5 · 3 = 1 5   b) ...
*   5 · 3 0 = 1 5 0*

g) Denke dir selbst zwei verwandte Aufgabenpaare aus.

2 Schreibe zu jeder Aufgabe zunächst die verwandte Aufgabe
aus dem kleinen Einmaleins auf.
Rechne dann beide Aufgaben aus.

a) $4 \cdot 80 =$ ☐
$5 \cdot 70 =$ ☐
$3 \cdot 90 =$ ☐

b) $8 \cdot 60 =$ ☐
$4 \cdot 50 =$ ☐
$7 \cdot 40 =$ ☐

c) $9 \cdot 30 =$ ☐
$8 \cdot 70 =$ ☐
$10 \cdot 80 =$ ☐

d) $7 \cdot 30 =$ ☐
$2 \cdot 90 =$ ☐
$6 \cdot 80 =$ ☐

e) $9 \cdot 80 =$ ☐
$6 \cdot 90 =$ ☐
$7 \cdot 60 =$ ☐

f) $6 \cdot 40 =$ ☐
$5 \cdot 80 =$ ☐
$8 \cdot 30 =$ ☐

Seite 9 Aufgabe 2
a) 4 · 8 = 3 2   b) ...
*   4 · 8 0 = 3 2 0*
*   :*

3 Finde zu den Zahlen passende Malaufgaben.

a) $28 =$ ☐ $\cdot$ ☐
$280 =$ ☐ $\cdot$ ☐

b) $21 =$ ☐ $\cdot$ ☐
$210 =$ ☐ $\cdot$ ☐

c) $36 =$ ☐ $\cdot$ ☐
$360 =$ ☐ $\cdot$ ☐

d) $56 =$ ☐ $\cdot$ ☐
$560 =$ ☐ $\cdot$ ☐

e) $27 =$ ☐ $\cdot$ ☐
$270 =$ ☐ $\cdot$ ☐

f) $42 =$ ☐ $\cdot$ ☐
$420 =$ ☐ $\cdot$ ☐

Seite 9 Aufgabe 3
a) 28 = 7 · 4   b) ...
*   280 = 7 · 40*

Zueinander passende Mal- und Geteiltaufgaben finden

Mit der verwandten Aufgabe ist es ganz einfach.

20 : 5 = 4

200 : 50 = 4

1 Schreibe zu jedem Bild die passende Mal- und Geteiltaufgabe in dein Heft.

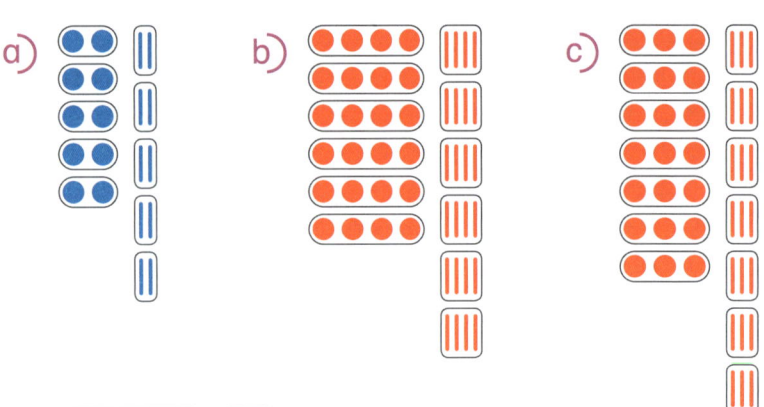

a) b) c)

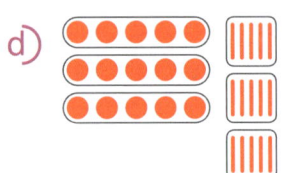

d)

Seite 10 Aufgabe 1

a)   5 · 2 = 10
      10 : 2 = 5
      5 · 20 = 100
      100 : 20 = 5

b) ...

2 Suche jeweils 4 Aufgaben, die zusammengehören.

56 : 7 = 8	54 : 9 = 6	720 : 80 = 9	560 : 70 = 8
6 · 90 = 540	72 : 8 = 9	8 · 7 = 56	9 · 8 = 72
9 · 80 = 720	8 · 70 = 560	540 : 90 = 6	6 · 9 = 54

Seite 10 Aufgabe 2

56 : 7 = 8
8 · 7 = 56
⋮

3 Finde selbst 4 Aufgaben, die zusammengehören, wie in Aufgabe **2**. Schreibe sie auf.
Stelle die Aufgaben einem anderen Kind vor.
Bitte es zu begründen, warum sie zusammengehören.

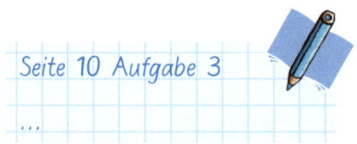

Seite 10 Aufgabe 3

...

7 2 4   6 8 9 3   8 1 4 7 5

 18   28   40

★ wechseln zwischen verschiedenen Darstellungsformen von Operationen
★ übertragen ihre Kenntnisse und Fertigkeiten auf analoge verwandte Aufgaben
★ nutzen beim Lösen von Aufgaben mathematische Zusammenhänge

Durch Zehnerzahlen dividieren

multiplizieren ⊙
dividieren ⊙

Sprechen wie die Mathematiker:
Multiplizieren heißt mal rechnen,
dividieren heißt geteilt rechnen.

1 Finde zu jeder Geteiltaufgabe die verwandte kleine Geteiltaufgabe.
Rechne dann beide Aufgaben aus.

a) 320 : 40 = ▢ b) 480 : 60 = ▢ c) 270 : 90 = ▢
420 : 70 = ▢   200 : 50 = ▢   800 : 80 = ▢
270 : 30 = ▢   280 : 70 = ▢   180 : 20 = ▢

Seite 11 Aufgabe 1
a)   3 2 :   4 = 8   b) ...
*   3 2 0 : 4 0 = 8*
*   ⋮*

2 Finde verwandte Geteiltaufgaben.

a) 28 : ▢ = ▢   b) 24 : ▢ = ▢   c) 32 : ▢ = ▢
280 : ▢ = ▢   240 : ▢ = ▢   320 : ▢ = ▢

d) 72 : ▢ = ▢   e) 30 : ▢ = ▢   f) 63 : ▢ = ▢
720 : ▢ = ▢   300 : ▢ = ▢   630 : ▢ = ▢

Seite 11 Aufgabe 2
a)   2 8 :   4 = 7   b) ...
*   2 8 0 : 4 0 = 7*
*   ⋮*

3 Dividiere durch 10. Was fällt dir auf?
Sprich mit einem anderen Kind darüber.

a) 90 : 10 = ▢   b) 560 : 10 = ▢   c) 430 : 10 = ▢
100 : 10 = ▢   720 : 10 = ▢   940 : 10 = ▢
 40 : 10 = ▢   540 : 10 = ▢   390 : 10 = ▢

Seite 11 Aufgabe 3
a) 9 0 : 1 0 = 9   b) ...
*   ⋮*

4 Rechne wie Tim.
Notiere den Rechenweg
oder rechne die beiden
Schritte im Kopf.

720 : 80 = 9
720 : 10 = 72
72 : 8 = 9

a) 560 : 80 = ▢   b) 810 : 90 = ▢   c) 300 : 50 = ▢
d) 350 : 70 = ▢   e) 540 : 60 = ▢   f) 180 : 20 = ▢

g) Denke dir selbst zwei passende Aufgaben aus.

Seite 11 Aufgabe 4
a) 5 6 0 : 8 0 =   7   b) ...
*   5 6 0 : 1 0 = 5 6*
*   5 6 :   8 =   7*

★ übertragen ihre Kenntnisse über die Zahlensätze des kleinen Einmaleins in größere Zahlenräume
★ verwenden Fachbegriffe richtig
★ nutzen Rechenstrategien und entwickeln vorteilhafte Lösungswege

Multiplizieren und dividieren üben

1 Rechne und schreibe in dein Heft.

a) $2 \cdot 90 = \square$
$5 \cdot 40 = \square$
$6 \cdot 70 = \square$

b) $3 \cdot \square = 180$
$7 \cdot \square = 490$
$9 \cdot \square = 360$

c) $\square \cdot 5 = 200$
$\square \cdot 9 = 630$
$\square \cdot 8 = 720$

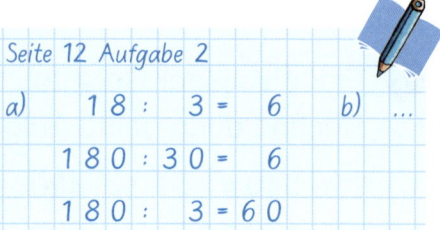

Seite 12 Aufgabe 1
a) 2 · 9 0 = 1 8 0   b) ...
⋮

2 Rechne und schreibe in dein Heft.
Die Umkehraufgabe kann dir dabei helfen.

a) $18 : 3 = \square$
$180 : 30 = \square$
$180 : 3 = \square$

b) $27 : 9 = \square$
$270 : 90 = \square$
$270 : 9 = \square$

c) $24 : 4 = \square$
$240 : 40 = \square$
$240 : 4 = \square$

d) $54 : 6 = \square$
$540 : 60 = \square$
$540 : 6 = \square$

e) $28 : 4 = \square$
$280 : 40 = \square$
$280 : 4 = \square$

f) $45 : 9 = \square$
$450 : 90 = \square$
$450 : 9 = \square$

Seite 12 Aufgabe 2
a)   1 8 :   3 =   6   b) ...
      1 8 0 : 3 0 =   6
      1 8 0 :   3 = 6 0

3 Rechne und schreibe in dein Heft.

a) $280 : \square = 4$
$280 : \square = 40$

b) $350 : \square = 7$
$350 : \square = 70$

c) $720 : \square = 80$
$720 : \square = 8$

d) $270 : \square = 3$
$270 : \square = 30$

e) $420 : \square = 60$
$420 : \square = 6$

f) $400 : \square = 5$
$400 : \square = 50$

Seite 12 Aufgabe 3
a) 2 8 0 : 7 0 = 4   b) ...
   2 8 0 :   ...

4 Erfinde gemeinsam mit einem anderen Kind ein Spiel (Memory, Domino, …) zum Üben von Multiplikations- und Divisionsaufgaben.

5 Bestimme die Lösungen mithilfe der Umkehraufgabe.

a) $\square : 40 = 6$
$\square : 30 = 7$
$\square : 20 = 8$
$\square : 60 = 8$
$\square : 10 = 5$
$\square : 50 = 3$

$6 \cdot 40 = 240$

b) $\square : 3 = 40$
$\square : 4 = 90$
$\square : 7 = 40$
$\square : 8 = 70$
$\square : 5 = 80$
$\square : 9 = 30$

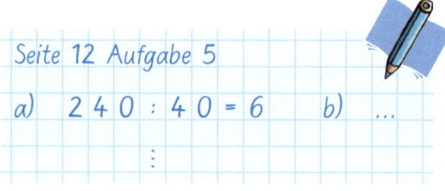

Seite 12 Aufgabe 5
a) 2 4 0 : 4 0 = 6   b) ...
⋮

6 Übertrage die Aufgaben in dein Heft.
Trage die größte passende Zehnerzahl ein.

a) $6 \cdot \square < 320$
$5 \cdot \square < 210$
$7 \cdot \square < 300$

b) $8 \cdot \square < 410$
$6 \cdot \square < 190$
$9 \cdot \square < 560$

c) $7 \cdot \square < 370$
$4 \cdot \square < 350$
$3 \cdot \square < 300$

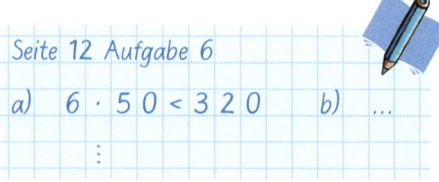

Seite 12 Aufgabe 6
a) 6 · 5 0 < 3 2 0   b) ...
⋮

* erkennen mathematische Zusammenhänge und nutzen diese, um zu einer Lösung zu gelangen
* bilden Aufgaben und entwickeln entsprechende Spielformen
* lösen Aufgaben zur Multiplikation und Division im Zahlenraum bis 1 000

→ AH Seite 53

Gesuchte Zahlen finden

Das 4-Fache heißt ④·.
Der 4. Teil heißt :④.

Das 4-Fache von 5 ist 20.
Der 4. Teil von 20 ist 5.

1 Schreibe passende Rechenaufgaben in dein Heft.

a) das 3-Fache von 50

b) der 8. Teil von 320

c) das Doppelte von 90

d) die Hälfte von 240

e) das 40-Fache von 5

f) der 9. Teil von 540

g) das 5-Fache von 80

h) der 3. Teil von 270

Seite 13 Aufgabe 1
a) 3 · 50 = 150   b) ...

2 Schreibe die beiden passenden Rechenaufgaben in dein Heft.

a) Addiere 50 zum 4. Teil von 400.

b) Subtrahiere 60 vom 4-Fachen von 90.

c) Verdopple das 5-Fache von 40.

d) Dividiere das 3-Fache von 80 durch 6.

e) Halbiere 800 und dividiere dann durch 40.

f) Halbiere das 40-Fache von 3.

Seite 13 Aufgabe 2
a) 400 : 4 = 100   b) ...
   100 + 50 = 150

3 Wie heißen die gesuchten Zahlen? Schreibe sie in dein Heft.
Finde selbst weitere Zahlenrätsel. Stelle sie einem anderen Kind vor.
Bitte es, seinen Lösungsweg zu beschreiben.

Mai-Lin: Meine Zahl ist um 30 kleiner als das Doppelte von 200.

Tim: Meine Zahl ist um 20 größer als der 3. Teil von 240.

Ole: Meine Zahl erhältst du, wenn du zum 5. Teil von 400 noch 120 addierst.

Maja: Addiere 100 zum Doppelten von 450. Dann erhältst du meine Zahl.

Lea: Meine Zahl ist um 50 größer als der 8. Teil von 400.

Janek: Dividiere den 5. Teil von 300 durch 2 und addiere dann 10. So erhältst du meine Zahl.

Seite 13 Aufgabe 3
Mai-Lin: 3 7 0
⋮

★ verwenden Fachbegriffe richtig
★ wenden ihre mathematischen Kenntnisse, Fähigkeiten und Fertigkeiten
bei der Bearbeitung herausfordernder Aufgaben an

13

Zu Sachsituationen passende Fragen und Rechnungen finden

1 Schreibe zu jeder Aussage eine passende Frage und anschließend die passende Rechnung in dein Heft. Überprüfe, ob dein Ergebnis stimmen kann. Lies dazu deine Frage nochmals.

a) Im Theater gibt es immer 40 Sitze in einer Reihe. Alle sieben Reihen sind voll besetzt.

Seite 14 Aufgabe 1
a) Wie viele Plätze sind besetzt? b) ...
   7 · 40 = 280

b) Im Zirkuszelt gibt es 720 Plätze. In jeder Reihe können 80 Personen sitzen.

c) In der Konservenfabrik werden Dosen mit Gemüseeintopf in Kartons verpackt. In einen Karton passen 20 Dosen. Ein Lebensmittel-händler erhält eine Lieferung von fünf Kartons.

d) Die Lehrerin hat für 20 Kinder 160 Perlen zum Basteln besorgt. Jedes Kind erhält gleich viele Perlen.

e) Tim bekommt für sein Zimmer vier neue Sitzkissen. Seine Mutter gibt insgesamt 80 € aus.

f) Leas Vater kauft für sein Auto vier neue Reifen. Ein Reifen kostet 120 €.

 2 Schreibe zu den Aufgaben jeweils eine kurze Rechengeschichte. Bitte zur Kontrolle ein anderes Kind, die passende Aufgabe zu finden.

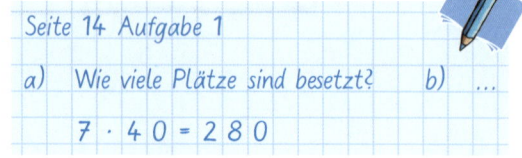

a)   3 · 50 = 150

b) 350 : 70 =   5

c)   70 · 3 = 210

d) 200 : 5 =   40

Seite 14 Aufgabe 2
a) ...

3 Schreibe jeweils zwei Rechenaufgaben und den Antwortsatz in dein Heft.

a) Im Parkhaus am Marktplatz parken auf 4 Stockwerken jeweils 30 Autos. Zudem parken 15 Autos auf den Plätzen im Freien. Wie viele Autos parken dort insgesamt?

Seite 14 Aufgabe 3
a) ...

b) Lisa, Lea und Ole wollen 600 Einladungen zum Schulfest verteilen. Sie teilen sie gleichmäßig untereinander auf. Ole gibt seinem Bruder zum Auslegen an seiner Schule 50 Stück. Wie viele Einladungen muss Ole noch verteilen?

* übersetzen Sachsituationen in ein mathematisches Modell
* entnehmen relevante Informationen aus Texten
* formulieren mathematische Fragestellungen

Malaufgaben mit zweistelligen Zahlen schrittweise lösen

1. Wie rechnest du die Aufgabe 5 · 23?
   Begründe deine Wahl einem anderen Kind.

2. Schreibe zu jedem Bild die passende Malaufgabe auf.
   Notiere deinen Rechenweg.

a)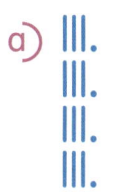

b)

c)

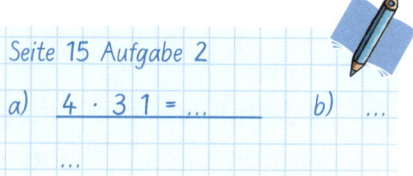

Seite 15 Aufgabe 2

a) 4 · 3 1 = ...   b) ...

   ...

d)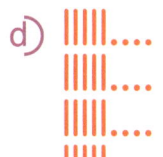

e)

f)

3. Löse die Aufgaben. Notiere deinen Rechenweg.

a) 4 · 28 = ▢   b) 3 · 49 = ▢   c) 9 · 73 = ▢

d) 5 · 68 = ▢   e) 6 · 95 = ▢   f) 4 · 76 = ▢

Seite 15 Aufgabe 3

a) 4 · 2 8 = ...   b) ...

   ...

g) Denke dir selbst zwei weitere Aufgaben aus.

★ zerlegen Multiplikationsaufgaben mit zweistelligen Zahlen
★ nutzen Operationseigenschaften und Rechengesetze zum Lösen
von Multiplikationsaufgaben mit mehrstelligen Faktoren

Zweistellige Zahlen in Schritten multiplizieren

1 Bestimme, welche Aufgabe jeweils zu den
Teilaufgaben gehört. Berechne die Ergebnisse.

a) ▮ · ▮ = ▮
$5 \cdot 20 = ▮$
$5 \cdot 7 = ▮$

b) ▮ · ▮ = ▮
$7 \cdot 8 = ▮$
$7 \cdot 60 = ▮$

c) ▮ · ▮ = ▮
$4 \cdot 70 = ▮$
$4 \cdot 9 = ▮$

Seite 16 Aufgabe 1
a) $5 \cdot 27 = 135$ b) ...
   $5 \cdot 20 = 100$
   $5 \cdot 7 = 35$

2 Löse die Aufgaben. Rechne die Teilaufgaben im Kopf
und schreibe deinen Rechenweg in Kurzform auf.

a) $5 \cdot 52 = ▮$ b) $3 \cdot 45 = ▮$ c) $3 \cdot 81 = ▮$

d) $7 \cdot 68 = ▮$ e) $6 \cdot 32 = ▮$ f) $6 \cdot 25 = ▮$

g) Denke dir selbst drei weitere Aufgaben aus.

Seite 16 Aufgabe 2
a) $250 + 10 = 260$ b) ...
   oder: $10 + 250 = 260$
   oder: ...

3 Manche dieser Aufgaben kannst du im Kopf lösen.
Schreibe bei diesen nur das Ergebnis auf. Notiere bei
den anderen deinen Rechenweg wie in Aufgabe **2**.

a) $5 \cdot 44 = ▮$ b) $7 \cdot 23 = ▮$ c) $4 \cdot 64 = ▮$

d) $3 \cdot 52 = ▮$ e) $8 \cdot 25 = ▮$ f) $8 \cdot 23 = ▮$

g) $4 \cdot 25 = ▮$ h) $6 \cdot 18 = ▮$ i) $5 \cdot 28 = ▮$

Seite 16 Aufgabe 3
a) 220 b) ...

4 Bilde mit den drei Ziffern ③ ④ ⑧ Malaufgaben
der Form ▮ · ▮▮ und löse sie. Du darfst jede Ziffer
bei jeder Aufgabe nur einmal verwenden.

a) Bilde alle sechs verschiedenen Aufgaben.

b) Bilde nur die Aufgaben mit dem größten
und dem kleinsten Ergebnis.

c) Bilde eine Aufgabe, deren Ergebnis größer
als 200 und kleiner als 300 ist.

Seite 16 Aufgabe 4
a) $3 \cdot 48 = 144$ b) ...
   ⋮

5 Schreibe auf, ob dir Einmaleinsaufgaben mit Zehnerzahlen
leichtfallen oder ob du noch Schwierigkeiten hast, sie zu lösen.
Schreibe auf, was du noch üben solltest.

✶ übertragen ihre Kenntnisse über die Zahlensätze des kleinen Einmaleins in größere Zahlenräume
✶ wenden ihre mathematischen Kenntnisse, Fähigkeiten und Fertigkeiten
bei der Bearbeitung herausfordernder Aufgaben an

→ AH Seite 54

$3 \cdot 254 = \square$

Maja: Ich rechne zuerst die Malaufgabe mit den Hundertern, dann die mit den Zehnern und dann die mit den Einern.

$3 \cdot 254 = 762$
$3 \cdot 200 = 600$
$3 \cdot 50 = 150$
$3 \cdot 4 = 12$

Max: $3 \cdot 250 = 750$ weiß ich auswendig. Dann muss ich noch $3 \cdot 4$ rechnen.

$3 \cdot 254 = 762$
$3 \cdot 250 = 750$
$3 \cdot 4 = 12$

Lisa: Ich rechne zuerst die Malaufgabe mit den Einern, dann die mit den Zehnern und dann die mit den Hundertern.

$3 \cdot 254 = 762$
$3 \cdot 4 = 12$
$3 \cdot 50 = 150$
$3 \cdot 200 = 600$

 1 Wie rechnest du die Aufgabe $3 \cdot 254$?
Begründe deine Wahl einem anderen Kind.

2 Schreibe zu jedem Bild die passende Malaufgabe.
Notiere deinen Rechenweg.

a)  b) 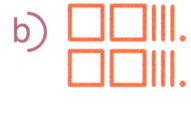 c)

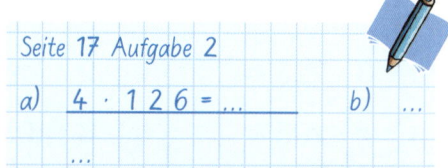
Seite 17 Aufgabe 2
a) $4 \cdot 126 = ...$ b) ...
...

d)  e)  f)

3 Löse die Aufgaben. Notiere deinen Rechenweg.

a) $3 \cdot 247$ b) $6 \cdot 152$ c) $3 \cdot 295$

d) $3 \cdot 324$ e) $4 \cdot 215$ f) $5 \cdot 199$

Seite 17 Aufgabe 3
a) ...

g) Denke dir selbst zwei weitere Aufgaben aus.

| 8 | 3 | 6 | | 6 | 2 | 4 | 7 | | 4 | 1 | 2 | 5 | 8 |

 42   48   32

* lösen Aufgaben zur Multiplikation im Zahlenraum bis 1 000
* nutzen Rechenstrategien und entwickeln vorteilhafte Lösungswege
* entscheiden passend zu einer Aufgabe, welche Art der Berechnung zur Lösung angemessen ist

→ Ü Seite 41

17

Dreistellige Zahlen in Schritten multiplizieren

1 Bestimme, welche Aufgabe jeweils zu den
Teilaufgaben gehört. Berechne die Ergebnisse.

a) ■ · ■ = ■
   4 · 200 = ■
   4 · 30 = ■
   4 ·   7 = ■

b) ■ · ■ = ■
   5 ·   7 = ■
   5 · 80 = ■
   5 · 100 = ■

c) ■ · ■ = ■
   3 · 320 = ■
   3 ·   9 = ■

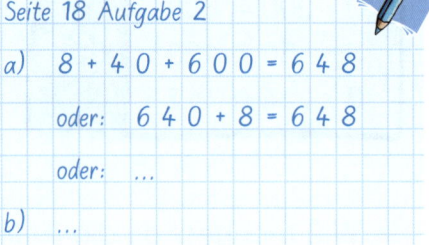

Seite 18 Aufgabe 1

a) 4 · 2 3 7 = ...   b) ...
         ...

2 Löse die Aufgaben. Rechne die Teilaufgaben im Kopf
und schreibe deinen Rechenweg in Kurzform auf.

a) 2 · 324 = ■   b) 4 · 242 = ■   c) 3 · 264 = ■
d) 5 · 123 = ■   e) 2 · 376 = ■   f) 4 · 232 = ■
g) 6 · 117 = ■   h) 3 · 175 = ■   i) 5 · 178 = ■

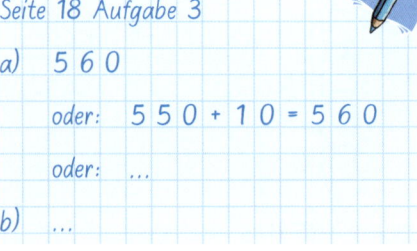

Seite 18 Aufgabe 2

a) 8 + 4 0 + 6 0 0 = 6 4 8
       oder: 6 4 0 + 8 = 6 4 8
       oder: ...
b) ...

3 Manche dieser Aufgaben kannst du im Kopf lösen.
Schreibe bei diesen nur das Ergebnis auf. Notiere
bei den anderen deinen Rechenweg wie in Aufgabe **2**.

a) 5 · 112 = ■   b) 3 · 333 = ■   c) 4 · 128 = ■
d) 3 · 223 = ■   e) 2 · 316 = ■   f) 7 · 132 = ■
g) 4 · 205 = ■   h) 8 · 105 = ■   i) 5 · 125 = ■

Seite 18 Aufgabe 3

a) 5 6 0
       oder: 5 5 0 + 1 0 = 5 6 0
       oder: ...
b) ...

4 Bilde mit den vier Ziffern ⁴ ² ¹ ³ Malaufgaben
der Form ■ · ■■■ und löse sie. Du darfst jede
Ziffer bei jeder Aufgabe nur einmal verwenden.

a) Bilde die Aufgabe mit dem kleinsten Ergebnis.

b) Bilde alle Aufgaben mit einem Ergebnis,
das kleiner als 1 000 ist.

Seite 18 Aufgabe 4

a) ...

5 Schreibe auf, ob dir Einmaleinsaufgaben mit Hunderterzahlen
leichtfallen oder ob du noch Schwierigkeiten hast, sie zu lösen.
Schreibe auf, was du noch üben solltest.

✶ lösen Aufgaben zur Multiplikation im Zahlenraum bis 1 000
✶ nutzen Rechenstrategien und entwickeln vorteilhafte Lösungswege
✶ entscheiden passend zu einer Aufgabe, welche Art der Berechnung zur Lösung angemessen ist

1 Tims Klasse hat bei einem Mal-Wettbewerb 100 € gewonnen.
Die Kinder überlegen, was sie für die Pausenkiste anschaffen können.

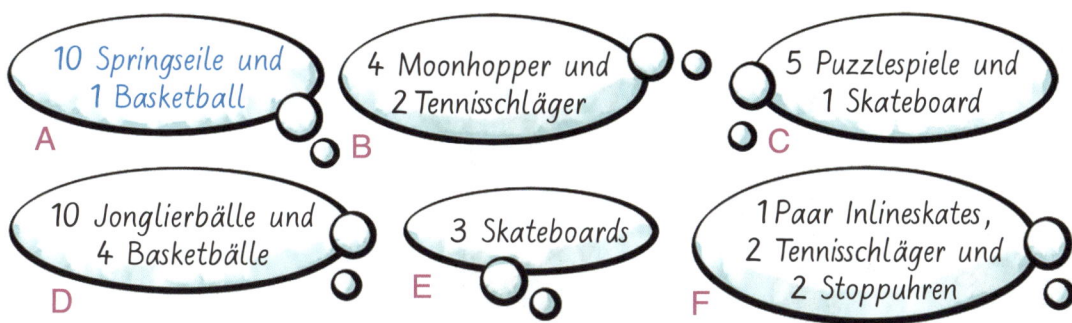

A – 10 Springseile und 1 Basketball

B – 4 Moonhopper und 2 Tennisschläger

C – 5 Puzzlespiele und 1 Skateboard

D – 10 Jonglierbälle und 4 Basketbälle

E – 3 Skateboards

F – 1 Paar Inlineskates, 2 Tennisschläger und 2 Stoppuhren

a) Überschlage, welche Anschaffungen möglich sind.

b) Suche selbst weitere Möglichkeiten.

Seite 19 Aufgabe 1

a) A: 80 € + 20 € = 100 €

möglich

B: ...

2 Hier sind sechs Aufgaben falsch.
Finde sie mithilfe der Überschlagsrechnung.

a) $4 \cdot 23 = 138$
$8 \cdot 48 = 324$
$3 \cdot 139 = 417$

b) $3 \cdot 86 = 204$
$6 \cdot 69 = 414$
$7 \cdot 141 = 657$

c) $22 \cdot 8 = 176$
$149 \cdot 5 = 545$
$77 \cdot 4 = 468$

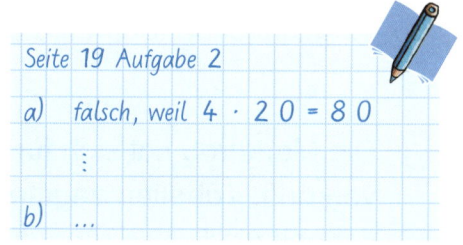

Seite 19 Aufgabe 2

a) falsch, weil $4 \cdot 20 = 80$

b) ...

3 Finde mithilfe der Überschlagsrechnung heraus,
welche Aufgaben- und Ergebniskärtchen
zusammengehören. Schreibe die Aufgaben mit dem
Ergebnis in dein Heft. Welche Karten bleiben übrig?

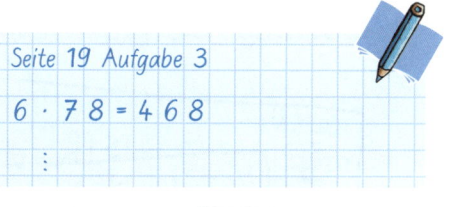

Seite 19 Aufgabe 3

$6 \cdot 78 = 468$

| $6 \cdot 78$ | $7 \cdot 91$ | $7 \cdot 132$ | $8 \cdot 69$ | $6 \cdot 12$ | $82 \cdot 9$ | $9 \cdot 89$ | $5 \cdot 51$ |

| 801 | 255 | 552 | 690 | 468 | 72 | 924 | 637 |

★ begründen, ob Ergebnisse plausibel und richtig sind, indem sie Rechenfehler finden, erklären und korrigieren
★ überprüfen Ergebnisse durch Überschlag und Rückbezug auf den Sachzusammenhang

19

7 · 0,40 €

1 Berechne den Preis für folgende Einkäufe.

a)

7 · 40 ct = 280 ct
280 ct = 2,80 €

b) c) d)

Seite 20 Aufgabe 1

a)   4 ·   40 ct = 1 6 0 ct

        3 · 1 2 0 ct = 3 6 0 ct

1 6 0 ct + 3 6 0 ct = 5 2 0 ct

              5 2 0 ct = 5,2 0 €

b)   ...

2 Tim kauft für seine Mutter einen Geburtstagsstrauß.
Er gibt dafür 2,40 € aus.

Welche Blumen hat Tim ausgesucht?
Finde gemeinsam mit einem anderen Kind mehrere
Möglichkeiten. Schreibe die Malaufgaben dazu in dein Heft.

Seite 20 Aufgabe 2

...

3 Die Marktfrau hat sich für Blumen, die sie häufig
verkauft, Tabellen angefertigt. Damit kann sie
schnell die Preise für einen Strauß bestimmen.

Übertrage die Tabellen in dein Heft und fülle sie aus.

Seite 20 Aufgabe 3

...

★ stellen Größenangaben in unterschiedlichen Schreibweisen dar
★ lösen Sachsituationen mit Größen

→ Ü Seite 42

Große Zahlen in Schritten dividieren

Paul: Ich zerlege in passende Aufgaben.

$592 : 8 = \blacksquare$

Meral: Ich suche zuerst die größte Zahl mit Hundertern und Zehnern, die ich durch 8 teilen kann.

Paul:
$$592 : 8 = 74$$
$$400 : 8 = 50$$
$$160 : 8 = 20$$
$$32 : 8 = 4$$

Meral:
$$592 : 8 = 74$$
$$560 : 8 = 70$$
$$32 : 8 = 4$$

1 Wie rechnest du die Aufgabe 592 : 8? Begründe deine Wahl einem anderen Kind.

2 Zerlege in Teilaufgaben. Benutze das Zehner-Einmaleins und das kleine Einmaleins. Rechne mit deinem Rechenweg.

a) $477 : 9 = \blacksquare$ b) $205 : 5 = \blacksquare$ c) $472 : 8 = \blacksquare$

d) $228 : 3 = \blacksquare$ e) $456 : 8 = \blacksquare$ f) $546 : 6 = \blacksquare$

g) $175 : 5 = \blacksquare$ h) $224 : 4 = \blacksquare$ i) $216 : 3 = \blacksquare$

k) $93 : 3 = \blacksquare$ l) $108 : 6 = \blacksquare$ m) $224 : 7 = \blacksquare$

Seite 21 Aufgabe 2
a) $4\ 7\ 7\ :\ 9\ =\ ...$ b)   ...

3 Vergleiche deine Zerlegungen in Aufgabe **2** mit denen anderer Kinder. Besprecht Vorteile und Nachteile.

4 Bestimme, welche Aufgabe jeweils zu den Teilaufgaben gehört. Berechne das Ergebnis.

a) $\blacksquare : \blacksquare = \blacksquare$
$$210 : 3 = 70$$
$$27 : 3 = 9$$

b) $\blacksquare : \blacksquare = \blacksquare$
$$700 : 7 = 100$$
$$140 : 7 = 20$$
$$14 : 7 = 2$$

c) $\blacksquare : \blacksquare = \blacksquare$
$$420 : 6 = 70$$
$$36 : 6 = 6$$

Seite 21 Aufgabe 4
a) $2\ 3\ 7\ :\ 3\ =\ 7\ 9$ b)   ...

5 Finde die passende Aufgabe. Berechne die Ergebnisse.

a) $\blacksquare : \blacksquare = \blacksquare$
$$100 : 5 = \blacksquare$$
$$35 : 5 = \blacksquare$$

b) $\blacksquare : \blacksquare = \blacksquare$
$$490 : 7 = \blacksquare$$
$$63 : 7 = \blacksquare$$

c) $\blacksquare : \blacksquare = \blacksquare$
$$180 : 3 = \blacksquare$$
$$15 : 3 = \blacksquare$$

Seite 21 Aufgabe 5
a) $1\ 3\ 5\ :\ 5\ =\ 2\ 7$ b)   ...
$1\ 0\ 0\ :\ 5\ =\ 2\ 0$
$3\ 5\ :\ 5\ =\ 7$

 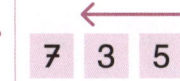   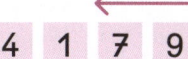   

| 7 | 3 | 5 | | 4 | 1 | 7 | 9 | | 9 | 8 | 4 | 3 | 6 | 35 36 54

→ AH Seiten 55 und 56
→ Ü Seite 43

* zerlegen Zahlen im Zahlenraum bis 1 000 und erläutern dabei Zusammenhänge und Strukturen
* nutzen und erklären Rechenstrategien und entwickeln vorteilhafte Lösungswege

Divisionsaufgaben mit Rest lösen

458 : 60 = ☐ Rest ☐

Ich suche die größte Zahl, die ich durch 60 teilen kann, und rechne 420 : 60 = 7. Dann bleibt 38 als Rest.

458 : 60 = 7 Rest 38
420 : 60 = 7
   38

Ich zerlege in passende Aufgaben.

458 : 60 = 7 Rest 38
300 : 60 = 5
120 : 60 = 2
   38

1 Wie rechnest du die Aufgabe 458 : 60?
Begründe deine Wahl einem anderen Kind.

2 Löse die Aufgaben schrittweise mit deinem Rechenweg.
Zerlege in passendeTeilaufgaben.
Suche zuerst Teilaufgaben ohne Rest.

a) 290 : 50 = ☐
   690 : 70 = ☐
   460 : 60 = ☐
   200 : 30 = ☐

b) 354 : 40 = ☐
   458 : 60 = ☐
   522 : 80 = ☐
   192 : 30 = ☐

Seite 22 Aufgabe 2
a)   2 9 0 : 5 0 = ...   Rest ...
         ...
b)   ...

3 Bestimme, welche Aufgabe jeweils zu den
Teilaufgaben gehört. Berechne das Ergebnis.

a) ☐ : ☐ = ☐ Rest ☐
   280 : 40 = 7
      31

b) ☐ : ☐ = ☐ Rest ☐
   700 : 70 = 10
   140 : 70 = 2
      52

Seite 22 Aufgabe 3
a)   ...

4 Bei den Lösungen der Aufgaben ist ein zu großer
Rest übrig geblieben. Rechne neu.
Besprich mit einem anderen Kind, ob man die richtige Lösung
auch entdecken kann, ohne die Aufgaben neu zu rechnen.

a) 330 : 40 = 7 Rest 50
   480 : 50 = 8 Rest 80
   640 : 90 = 6 Rest 100

b) 240 : 70 = 2 Rest 100
   440 : 60 = 6 Rest 80
   180 : 50 = 2 Rest 80

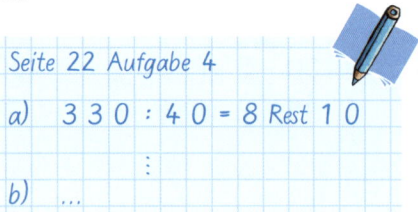

Seite 22 Aufgabe 4
a)   3 3 0 : 4 0 = 8 Rest 1 0
         ⋮
b)   ...

 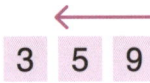 | 3 5 9 | | 4 2 8 7 | | 8 1 5 6 9 |  27 28   72

★ nutzen und erklären Rechenstrategien und entwickeln vorteilhafte Lösungswege
★ lösen Aufgaben zur Division mit Rest im Zahlenraum bis 1 000

Die Punkt-vor-Strich-Regel kennenlernen und anwenden

Mathematiker haben festgelegt: immer zuerst mal und geteilt rechnen, erst dann plus und minus.

$7 + 2 \cdot 6 = 7 + 12 = 19$

$3 + 35 : 7 = 3 + 5 = 8$

$9 - 42 : 6 = 9 - 7 = 2$

$4 \cdot 25 + 3 = 100 + 3 = 103$

Punktrechnung (· und :)
vor Strichrechnung (+ und −)

---

1 Löse die Aufgaben. Beachte die Punkt-vor-Strich-Regel.

a)
$60 \cdot 6 + 15 = $ ▢
$7 + 5 \cdot 80 = $ ▢
$50 \cdot 9 - 9 = $ ▢
$200 : 4 + 25 = $ ▢

b)
$16 + 360 : 60 = $ ▢
$90 - 250 : 5 = $ ▢
$400 - 70 \cdot 5 = $ ▢
$300 + 700 : 70 = $ ▢

Seite 23 Aufgabe 1
a) $60 \cdot 6 + 15 = 360 + 15 = 375$
    $7 + 5 \cdot 80 = 7 + 400 = 407$
    ⋮

---

2 Löse die Aufgaben.

$6 \cdot 25 + 6 \cdot 75 = $ ▢
$6 \cdot 16 + 6 \cdot 84 = $ ▢

$6 \cdot 73 + 6 \cdot 27 = $ ▢
$6 \cdot 46 + 6 \cdot 54 = $ ▢

Seite 23 Aufgabe 2
$150 + 450 = 600$
⋮

a) Betrachte die Ergebnisse und überlege,
wie es zu diesen Ergebnissen kommt.
Zur Veranschaulichung kannst du Legematerial benutzen.

b) Stelle selbst solche Aufgaben zusammen.

c) Stelle deine Aufgaben und deine Entdeckungen einem anderen Kind vor.

---

3 Schreibe zu jeder Aufgabe die passende Rechnung
in dein Heft und berechne das Ergebnis.

a) Tim kauft drei Päckchen mit je 10 Kaugummis.
Lea schenkt ihm noch drei von ihren Kaugummis.

Seite 23 Aufgabe 3
a) $3 \cdot 10 + 3 = ...$ b) ...

b) Ole bekommt vier Päckchen mit Sammelbildern.
In jedem Päckchen sind fünf Bilder. Seinem Bruder schenkt er sechs Sammelbilder.

c) Drei Kinder teilen sich 12 Schokoküsse gleichmäßig auf.
Eines der Kinder verschenkt zwei seiner Schokoküsse.

→ Ü Seite 44

* nutzen Rechengesetze zum Lösen von Aufgaben
* stellen Vermutungen über Zusammenhänge und Strukturen an
und begründen sie anhand von selbst gewählten Beispielen
* übersetzen Sachsituationen in ein mathematisches Modell

Verdoppeln und halbieren

Verdoppeln

Verdoppeln heißt (2)· oder ·(2).

Halbieren heißt (:2).

Halbieren

$35 + 35 = 70$
$2 \cdot 35 = 70$

$84 = 42 + 42$
$84 : 2 = 42$

1 Verdopple.

a) 24   b) 56   c) 98   d) 77

e) 135   f) 254   g) 263   h) 491

Seite 24 Aufgabe 1
a) ...

2 Halbiere.

a) 36   b) 82   c) 76   d) 58

e) 644   f) 124   g) 232   h) 486

Seite 24 Aufgabe 2
a) ...

$3 \cdot 40 = 120$
$6 \cdot 40 = 240$

$3 \cdot 40 = 120$
$3 \cdot 80 = 240$

3 Berechne das Doppelte.
Rechne wie Max und
wie Maja.

a) $3 \cdot 40$ b) $5 \cdot 80$ c) $2 \cdot 174$ d) $4 \cdot 90$

e) $5 \cdot 72$ f) $3 \cdot 125$ g) $7 \cdot 43$ h) $6 \cdot 53$

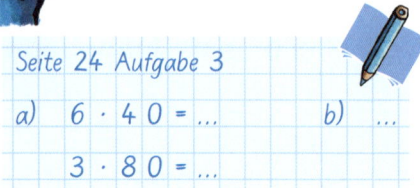

Seite 24 Aufgabe 3
a) 6 · 4 0 = ...   b) ...
3 · 8 0 = ...

4 Berechne die Hälfte auf zwei Arten.
Begründe, warum es nicht immer möglich ist.
Besprich deine Überlegungen mit einem anderen Kind.

a) $4 \cdot 60$ b) $8 \cdot 80$ c) $10 \cdot 40$ d) $8 \cdot 90$

e) $6 \cdot 25$ f) $4 \cdot 43$ g) $8 \cdot 120$ h) $2 \cdot 424$

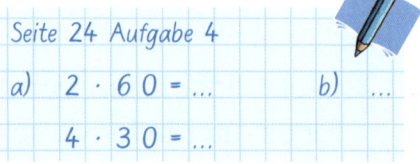

Seite 24 Aufgabe 4
a) 2 · 6 0 = ...   b) ...
4 · 3 0 = ...

＊ übertragen bisherige Kenntnisse auf den erweiterten Zahlenraum
＊ erkennen mathematische Zusammenhänge
＊ erklären Beziehungen an Beispielen und vollziehen Begründungen anderer nach

Gerade und ungerade Zahlen unterscheiden

Gerade Zahlen kann man in zwei gleiche Teile zerlegen. Sie haben beim Halbieren keinen Rest.

Ungerade Zahlen kann man nur in zwei ungleiche Teile zerlegen.

34 : 2 = 17
30 : 2 = 15
 4 : 2 = 2

34 = 17 + 17
35 = 17 + 18

35 : 2 = 17 Rest 1
30 : 2 = 15
 5 : 2 = 2 Rest 1

1 Halbiere die Zahlen. Rechne in einem Schritt oder in zwei Schritten.

a) 50   b) 80   c) 70   d) 120   e) 460

Seite 25 Aufgabe 1
a) 5 0 : 2 = 2 5   b) ...

2 Halbiere die Zahlen. Rechne mit deinem Rechenweg.

a) 64   b) 57   c) 36   d) 98   e) 86

f) 148   g) 225   h) 342   i) 463   k) 847

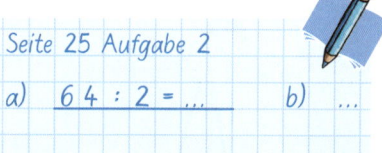

Seite 25 Aufgabe 2
a) 6 4 : 2 = ...   b) ...
   ...

3 Entscheide bei folgenden Zahlen, ob sie gerade oder ungerade sind.

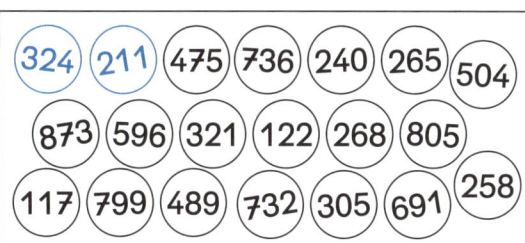

324 211 475 736 240 265 504
873 596 321 122 268 805
117 799 489 732 305 691 258

Seite 25 Aufgabe 3

gerade Zahlen: 3 2 4 , ...

ungerade Zahlen: 2 1 1 , ...

4 Schreibe in dein Lerntagebuch, woran du gerade und ungerade Zahlen erkennen kannst.

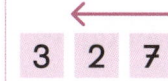 3 2 7   6 2 7 9   8 4 3 5 7   21   54   56

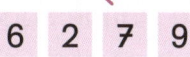

★ übertragen bisherige Kenntnisse auf den erweiterten Zahlenraum
★ unterscheiden gerade und ungerade Zahlen
★ erkennen mathematische Zusammenhänge und begründen sie

25

Mit der Hand und der Kleiderbügelwaage „wiegen"

1 Vergleiche mit den Händen jeweils zwei der Gegenstände nach ihrem Gewicht. Lege sie dem Gewicht nach geordnet in eine Reihe. Beginne mit dem leichtesten Gegenstand.

> Das Buch ist schwerer als das Mäppchen.

2 Überprüfe dein Ergebnis mit einer Kleiderbügel-waage.

> Für größere Gegenstände benutze ich Plastiktüten statt Becher.

3 Suche selbst weitere Gegenstände, die du mit der Kleiderbügelwaage nach ihrem Gewicht vergleichst.

Seite 26 Aufgabe 3

... ist schwerer als ...

... ist leichter als ...

4 Überprüfe die Aussagen mithilfe der Kleiderbügelwaage.

a) Der Bleistift ist leichter als die Schere.

b) Die Schere ist schwerer als das Buch.

c) Das Buch ist leichter als der Stift.

d) Der Radiergummi ist leichter als das Lineal.

Seite 26 Aufgabe 4

a) richtig   b) ...

5 Besprich mit einem anderen Kind, ob man mit den Händen oder der Kleiderbügel-waage das Gewicht von Gegenständen immer genau vergleichen kann.

★ vergleichen und ordnen Gegenstände nach ihrem Gewicht
★ nutzen geeignete Hilfsmittel

Mit Balkenwaage und Tafelwaage arbeiten

1 Mit der Balkenwaage oder der Tafelwaage kann man das Gewicht fast gleich schwerer Gegenstände genau vergleichen.

a) Suche jeweils zwei Gegenstände, die ungefähr gleich schwer sind. Vergleiche ihr Gewicht mit der Balkenwaage oder Tafelwaage. Schreibe die Ergebnisse von mindestens fünf Vergleichen auf.

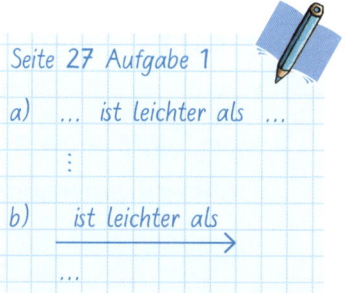

Seite 27 Aufgabe 1
a) ... ist leichter als ...
  ⋮
b)   ist leichter als
       →
  ...

b) Vergleiche nun drei der Gegenstände nach ihrem Gewicht. Ordne sie und zeichne dazu 2 Pfeilbilder:

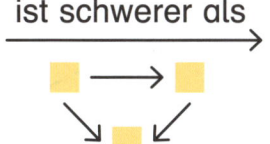

ist schwerer als

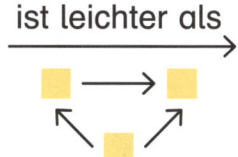

ist leichter als

2 Suche gemeinsam mit einem anderen Kind weitere Gegenstände, die ihr nach ihrem Gewicht vergleicht. Schätzt zuerst und vergleicht dann mit der Balkenwaage oder der Tafelwaage.

3 Besprich mit einem anderen Kind, was ihr mit der Balkenwaage oder der Tafelwaage feststellen konntet. Könnt ihr damit auch feststellen, wie schwer ein Gegenstand ist oder um wie viel schwerer er ist? Was braucht ihr dazu?

★ vergleichen und ordnen Gegenstände nach ihrem Gewicht
★ nutzen geeignete Messgeräte

Mit unterschiedlichen Maßeinheiten wiegen

 1 Arbeite gemeinsam mit einem anderen Kind.

a) Bestimmt das Gewicht folgender Gegenstände mithilfe von Steckwürfeln, Holzwürfeln, Schrauben, Büroklammern oder Streichhölzern.

- ein ganzes Stück weiße Kreide
- Bleistift der Lehrerin / des Lehrers
- Armbanduhr
- CD mit Hülle
- …

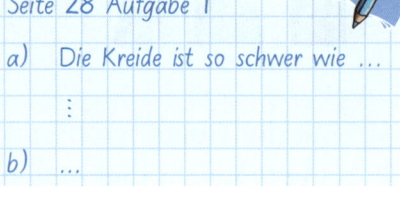

Seite 28 Aufgabe 1

a) Die Kreide ist so schwer wie …

b) …

 **b)** Vergleicht eure Ergebnisse mit denen anderer Kinder.
Überlegt gemeinsam, welche Ergebnisse ihr gut vergleichen könnt.

2 Nutzt die Balkenwaage und Gewichtsstücke.

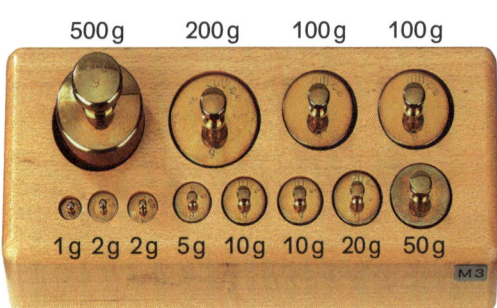

500 g   200 g   100 g   100 g

1g 2g 2g 5g 10g 10g 20g 50g

Mit Gewichtsstücken können alle das Gewicht eindeutig bestimmen.
1 g = 1 Gramm

a) Bestimmt das Gewicht der gleichen Gegenstände wie in Aufgabe **1**. Verwendet dazu immer möglichst wenige Gewichtsstücke.

Seite 28 Aufgabe 2

a) …

Mäppchen: 200 g + 100 g + 50 g + 10 g + 2 g = 362

 b) Vergleiche eure Ergebnisse mit denen anderer Kinder. Was fällt euch auf?

★ messen Größen mit genormten und nicht genormten Maßeinheiten
★ leiten aus eigenen Versuchen und Vergleichen mit den Ergebnissen anderer Kinder die Notwendigkeit genormter Einheiten ab
★ verwenden die Abkürzungen der standardisierten Maßeinheiten

Mit Gewichtsstücken und Gewichtsangaben umgehen

1 Suche Gegenstände, die etwa so schwer
sind wie die einzelnen Gewichtsstücke.

Seite 29 Aufgabe 1
...

Verwende dazu die Balken- oder Tafelwaage.
Schreibe deine Ergebnisse auf.

2 Auf Lebensmittelverpackungen stehen fast immer
Gewichtsangaben.

Seite 29 Aufgabe 2
a) ...

a) Erkunde zu Hause oder beim nächsten Einkauf,
welche Gewichtsangaben sich auf verschiedenen
Verpackungen finden. Notiere deine Ergebnisse.

b) Bringe leere oder volle Verpackungen mit in die
Schule, auf denen du Gewichtsangaben findest.
Stelle sie auf einem Ausstellungstisch aus.

c) Betrachte euren Ausstellungstisch. Welche Lebens-
mittel wiegen 1 000 g? Welche 500 g, 250 g, 100 g?

3 Ordne folgenden
Dingen jeweils
die passende
Gewichtsangabe zu.

Seite 29 Aufgabe 3
Butter: 2 5 0 g
⋮

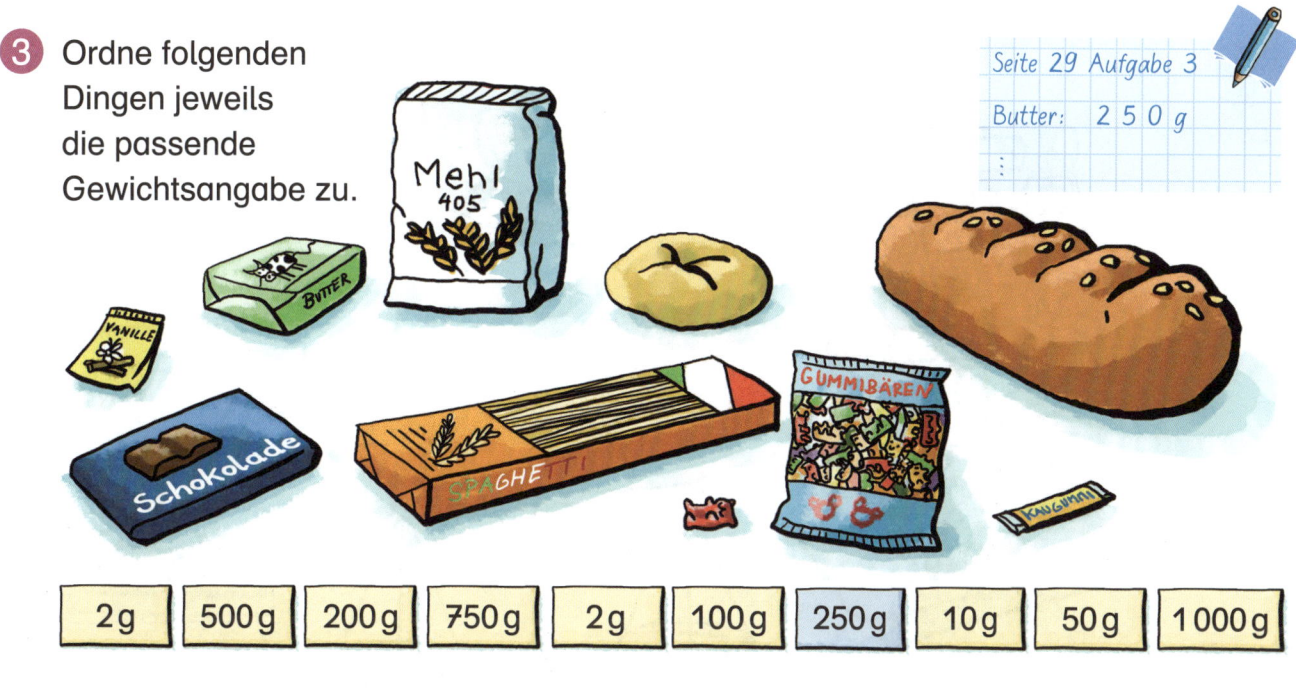

| 2g | 500g | 200g | 750g | 2g | 100g | 250g | 10g | 50g | 1000g |

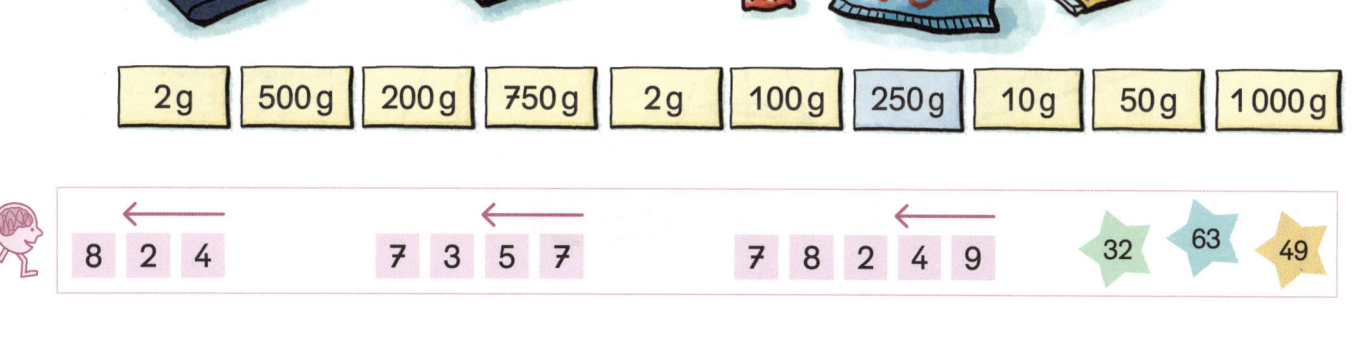

8 2 4   7 3 5 7   7 8 2 4 9   32   63   49

*finden zu verschiedenen Gewichtsangaben entsprechende Repräsentanten in ihrem Lebensumfeld

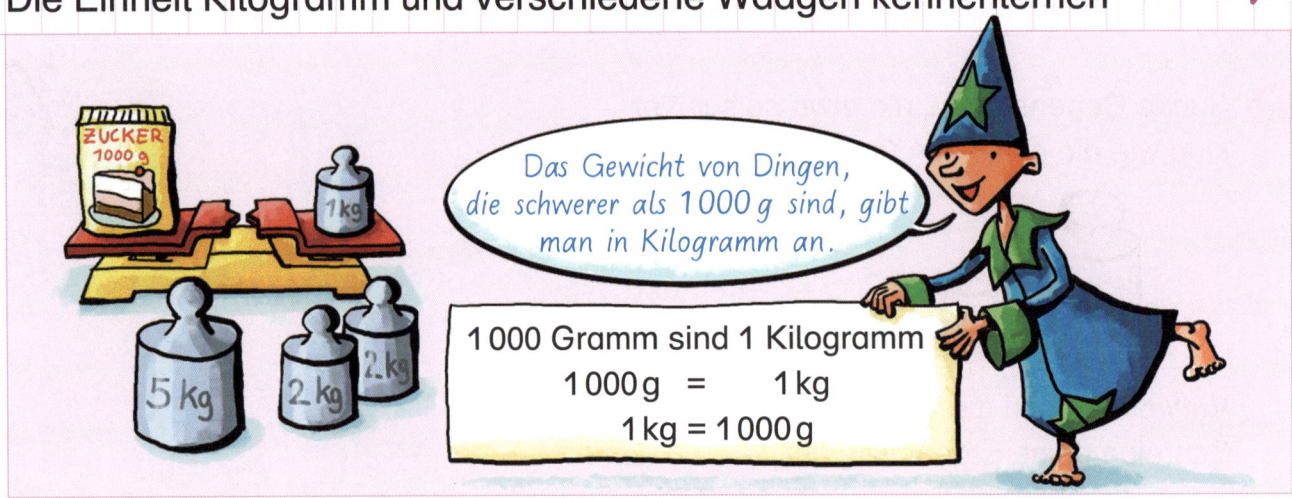

Die Einheit Kilogramm und verschiedene Waagen kennenlernen

ZUCKER
1000 g
1 kg
5 kg
2 kg
2 kg
Das Gewicht von Dingen, die schwerer als 1000 g sind, gibt man in Kilogramm an.
1 000 Gramm sind 1 Kilogramm
1000 g = 1 kg
1 kg = 1000 g

1 Es gibt verschiedene Waagen, um das Gewicht von Dingen zu bestimmen.
Überlege, wo die Waagen genutzt werden und was damit gewogen wird.
Besprich deine Überlegungen mit anderen Kindern oder auch mit deinen Eltern.

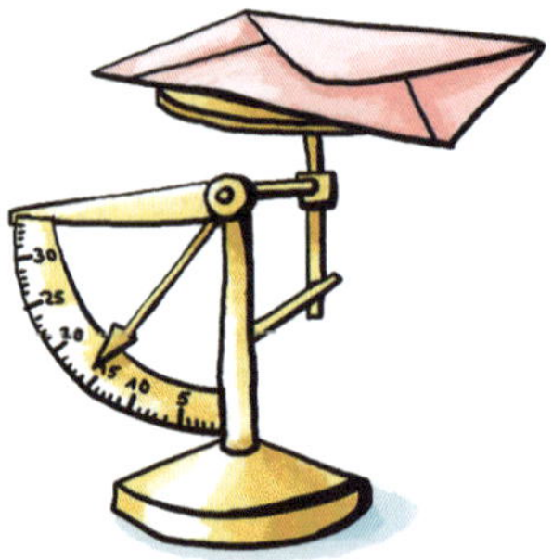

Briefwaage

1 kg

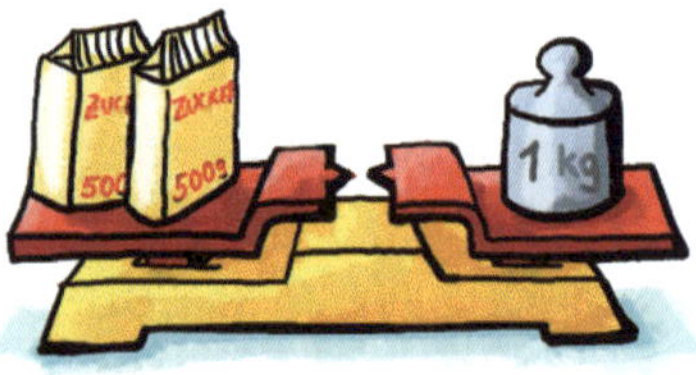

Tafelwaage

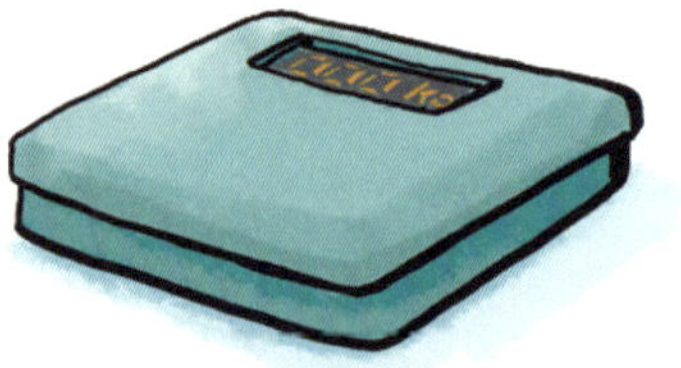

Digitale Personenwaage

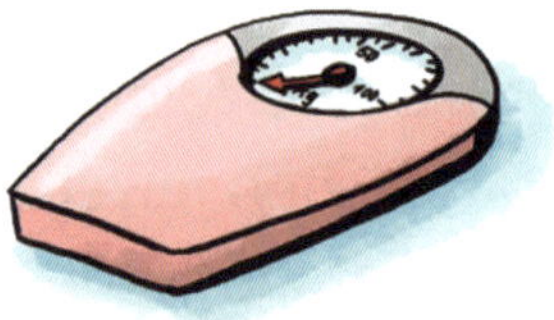

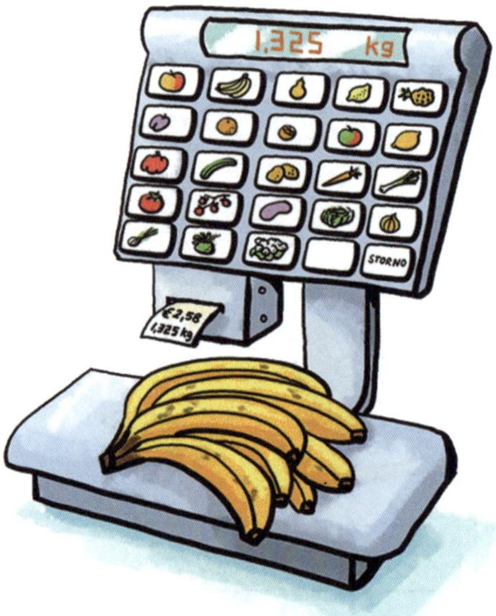

Personenwaage

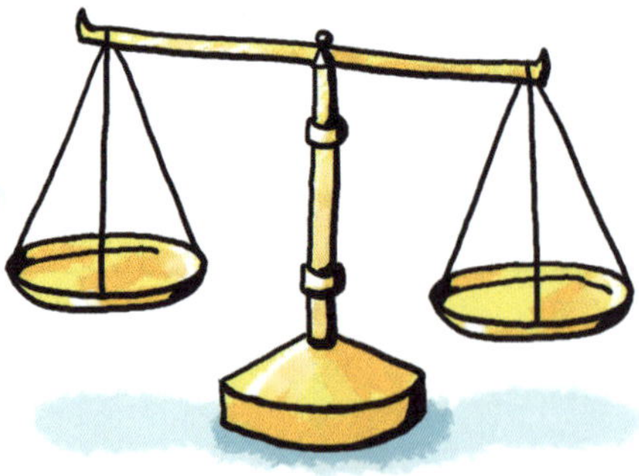

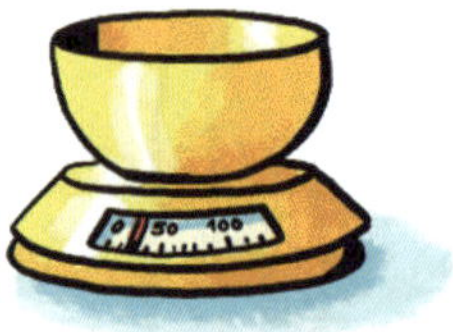

Küchenwaage

1,325 kg
STORNO

Verkaufswaage

Balkenwaage

1
2
kg

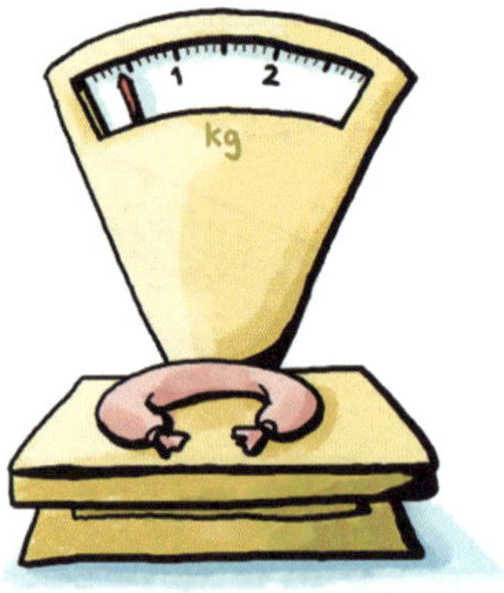

Zeigerwaage

* lernen verschiedene Messinstrumente (Waagen), ihre Bezeichnungen und ihre geeignete Verwendung kennen

Gewichte schätzen – geeignete Waagen verwenden

1 Suche dir unterschiedliche Gegenstände.

a) Schätze das Gewicht. Vergleiche es in der Vorstellung mit dem Gewicht von Gegenständen, das du schon kennst.

b) Bestimme das Gewicht mit einer geeigneten Waage.

c) Notiere alles auf Zetteln, die du anschließend an der richtigen Stelle auf ein Plakat klebst.

2 An das Plakat haben andere Kinder bereits Ergebnisse geheftet. Überprüfe die Gewichtsangabe von mindestens einem Gegenstand.

Bestätige das Ergebnis mit deinem Namen. Bei ungleichem Ergebnis müsst ihr gemeinsam eine Klärung finden.

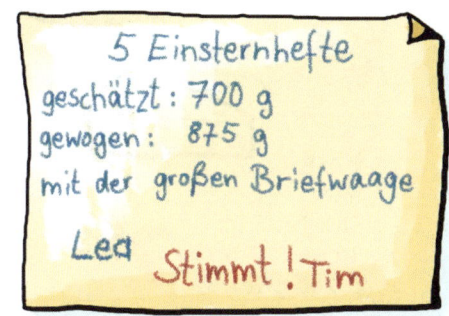

3 Schätze, wie schwer die Gegenstände insgesamt sind, die du im Laufe eines Tages in die Hand nimmst. Schreibe deine Überlegungen auf. Vergleiche deine Überlegungen und Ergebnisse mit denen anderer Kinder. Überlegt Möglichkeiten, um zu einem genauen Ergebnis zu kommen.

Seite 31 Aufgabe 3

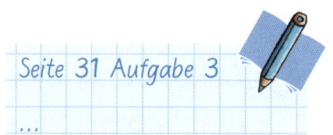

∗ finden zu verschiedenen Gewichtsangaben Repräsentanten in ihrem Lebensumfeld
∗ bestimmen das Gewicht von Gegenständen mit geeigneten Messinstrumenten

Das Gewicht von Schul- und Einkaufstaschen bestimmen

1 Bestimme das Gewicht deiner Schultasche und ihres Inhalts.

a) Schreibe zuerst alle Gegenstände in eine Tabelle.
Schätze ihr Gewicht und schreibe es dazu.

Seite 32 Aufgabe 1

Gegenstand	geschätzt	gewogen
...		

b) Bestimme das Gewicht der einzelnen Gegenstände
durch Wiegen und schreibe es dazu.
Wie genau hast du geschätzt?

c) Bestimme das Gesamtgewicht der vollen Tasche
durch Addieren.

d) Deine Tasche sollte höchstens etwa 3 kg wiegen.
(Die Empfehlung sagt: höchstens den zehnten Teil
des Körpergewichts.)
Was könntest du zu Hause lassen, damit deine Tasche leichter wird?
Kreuze es in deiner Tabelle an.

2

Stelle mit dem Prospekt-Ausschnitt oder mithilfe der Gewichtsangaben
auf Verpackungen einen „Einkaufskorb" zusammen.

a) Schreibe dir einen Einkaufszettel mit mindestens
fünf Lebensmitteln. Notiere dazu das Gewicht.

Seite 32 Aufgabe 2

...

b) Bestimme das Gesamtgewicht deines „Einkaufskorbs"
in g und kg.

c) Du kannst dir auch eigene Prospekte besorgen
und damit einen „Einkaufskorb" zusammenstellen.

→ AH Seite 57

∗ schätzen und messen das Gewicht von Gegenständen mit standardisierten Maßeinheiten
∗ entnehmen Informationen zu Größen aus verschiedenen alltagsnahen Quellen

Mit der Personenwaage umgehen

1 Bestimme dein Gewicht mit der Personenwaage ganz genau.

a) Schreibe dein Ergebnis mit Datum in dein Heft.

b) Wiederhole das Wiegen an mehreren Tagen.

c) Ziehe Kleidungsstücke (Schuhe, Pullover …)
aus oder an und wiege dich noch einmal.
Schreibe deine Feststellungen auf.

Seite 33 Aufgabe 1

a) Mein Gewicht am …:   …kg

b) …

c) Das habe ich beim Wiegen

festgestellt: …

 2 Das Gewicht mancher Gegenstände, z. B. das eines Stuhls, kann
man mit den vorhandenen Waagen nur schlecht direkt bestimmen.
Hier hilft ein Trick, den auch der Tierarzt anwendet, wenn er ein
Haustier wiegen will, das alleine auf der Waage nicht stillhält.
Überlege gemeinsam mit einem anderen Kind,
wie der Trick funktioniert.

Bestimmt auf diese Weise
mit der Personenwaage gemeinsam …

a) … das Gewicht eines Stuhls.

b) … das Gewicht eurer Schultaschen.

c) … das Gewicht von …

Seite 33 Aufgabe 2

a) Stuhl: …kg − …kg = …kg

b) …

Gewichte bestimmen – unterschiedliche Gewichtsstücke verwenden

1 Bestimme das Gewicht.

a)    b)

Seite 34 Aufgabe 1
a) Trauben: 4 0 0 g   b) ...

c)    d)    e)

2 Bestimme die Gewichtsstücke, die du zum Abwiegen der folgenden Gewichte benötigst. Benutze so wenige wie möglich.

a) Zeichne die Gewichte vereinfacht ins Heft.
310 g, 425 g, 718 g, 80 g, 250 g, 1 000 g

b) Schreibe als Plusaufgabe.
226 g, 654 g, 896 g, 175 g, 490 g, 225 g

Seite 34 Aufgabe 2
a) 3 1 0 g :
   (2 0 0 g) (1 0 0 g) (1 0 g)
   4 2 5 g :
      ⋮
b) 2 0 0 g + 2 0 g + 5 g + 1 g = 2 2 6 g
   ...

3 Mit den angegebenen Gewichtsstücken wurde gewogen. Bestimme das Gewicht.

Seite 34 Aufgabe 3
a) 3 8 5 g   b) ...

	500 g	200 g	100 g	100 g	50 g	20 g	10 g	10 g	5 g	2 g	2 g	1 g
a)		×	×		×	×		×		×	×	×
b)	×	×	×				×	×		×		×
c)	×			×	×		×	×		×	×	
d)									×	×		×
e)	×				×	×	×		×			

★ stellen Gewichtsangaben mit unterschiedlichen Gewichtsstücken dar
★ bestimmen Gewichte mit genormten Gewichtsstücken

→ AH Seite 58
→ Ü Seite 46

Gewichtsangaben umwandeln, vergleichen und ordnen

kg	100 g	10 g	1 g
1	0	2	5

$$1\,\text{kg}\ 25\,\text{g} = \boxed{1\ |\ 0\ |\ 2\ |\ 5} = 1{,}025\,\text{kg}$$

Das Komma trennt
kg und g.
1 kg 25 g = 1,025 kg

Man spricht so:
eins Komma null zwei fünf
Kilogramm.

1 Lies die Gewichtsangaben in der Tabelle ab
und schreibe sie auf drei Arten auf.

	kg	100 g	10 g	1 g
a)	0	3	5	4
b)	0	2	0	5
c)	0	7	5	0
d)	0	6	8	5
e)	1	5	0	0
f)	1	0	5	6
g)	2	4	5	0

Seite 35 Aufgabe 1

a)   0 kg 3 5 4 g = 0,3 5 4 kg = 3 5 4 g

b)   ...

2 Trage <, > oder = passend ein. Manchmal
hilft es dir, die Gewichtsangaben
in die gleiche Einheit umzuwandeln.

a)   180 g ⚪ 750 g   b) 1 kg 50 g ⚪ 1500 g

1 kg 250 g ⚪ 1,025 kg   75 g ⚪ 0,750 kg

580 g ⚪ 0,500 kg   0,250 kg ⚪ 250 g

0,275 kg ⚪ 275 g   0,575 kg ⚪ 600 g

Seite 35 Aufgabe 2

a)   1 8 0 g < 7 5 0 g   b)   ...

b)   ...

3 Ordne der Größe nach.

a)   50 g   0,500 kg   600 g   0,800 kg   560 g

b)   0,250 kg   510 g   1 kg   0,280 kg   25 g

c)   45 g   405 g   0,450 kg   540 g   0,054 kg

d)   0,780 kg   0,750 kg   570 g   75 g   340 g

Seite 35 Aufgabe 3

a)   5 0 g < 0,5 0 0 kg < ...   b)   ...

→ Ü Seite 47

* stellen Gewichtsangaben in unterschiedlicher Schreibweise dar
* vergleichen und ordnen in verschiedener Schreibweise dargestellte Gewichtsangaben

Mit Gewichtsangaben umgehen

Ein Kilogramm sind 1 000 g.	1 kg = 1 000 g
Ein halbes Kilogramm sind 500 g.	$\frac{1}{2}$ kg = 500 g
Ein viertel Kilogramm sind 250 g.	$\frac{1}{4}$ kg = 250 g
Eineinhalb Kilogramm sind 1 500 g.	$1\frac{1}{2}$ kg = 1 500 g

> Sprechen und schreiben wie die Mathematiker: Ein halb ($\frac{1}{2}$) heißt die Hälfte. Ein Viertel ($\frac{1}{4}$) ist der vierte Teil.

1 Schreibe die Gewichtsangaben in Gramm.

a) $\frac{1}{2}$ kg b) $\frac{1}{4}$ kg c) $1\frac{1}{2}$ kg d) $\frac{1}{4}$ kg + $\frac{1}{2}$ kg

Seite 36 Aufgabe 1
a) $\frac{1}{2}$ kg = 5 0 0 g   b) ...

2 Welche Gewichtsangaben sind gleich?
Schreibe die Paare auf.

1 000 g	250 g	$1\frac{1}{2}$ kg	$\frac{1}{2}$ kg + $\frac{1}{4}$ kg	500 g

$\frac{1}{2}$ kg	1 kg	$\frac{1}{4}$ kg	750 g	1 500 g

Seite 36 Aufgabe 2
1 0 0 0 g = 1 kg

3 Berechne jeweils die fehlenden Angaben.

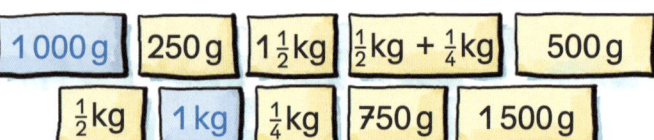

	Zucker			Schokolade	Gummibärchen	Ma
volle Packung	1 000 g	$\frac{1}{4}$ kg	$\frac{1}{2}$ kg	▉ g	200 g	450 g
verbraucht	80 g	▉	▉	25 g	180 g	▉
Rest	▉	175 g	280 g	75 g	▉	108 g

Seite 36 Aufgabe 3
Zucker: Rest 9 2 0 g

4

Bananen-Haferflocken-Muffins Zutaten für 12 leckere Muffins

120 g Mehl	130 g Zucker	1 Teelöffel Backpulver
120 g Haferflocken	80 g Butter	2 Eier
		2 zerdrückte Bananen

a) Schreibe die Zutatenliste für 6 Muffins auf.

b) Lea backt für ihre Klasse. Sie braucht Zutaten für 24 Muffins. Schreibe die Zutaten auf.

c) Berechne, wie viel in den Packungen übrig ist, wenn 24 Muffins gebacken wurden.

Seite 36 Aufgabe 4
a) 6 0 g Mehl   b) ...

5 Schreibe in dein Lerntagebuch, welche Gegenstände und dazu passende Gewichtsangaben du kennengelernt und dir gemerkt hast.

★ nutzen im Alltag gebräuchliche Größen und stellen derartige Größen in anderer Schreibweise dar
★ rechnen mit Größenangaben mit Bruchzahl und in Dezimaldarstellung
★ lösen Sachsituationen mit Größen

1  Leonardo von Pisa, genannt Fibonacci, war ein bekannter Mathematiker. Er fand bereits um das Jahr 1200 heraus, dass man mithilfe der folgenden Gewichtsstücke das Gewicht in kg von allen Gegenständen von 1 kg bis ▮ kg bestimmen kann.

Seite 37 Aufgabe 1

Gewicht des Gegenstandes	Verwendete Gewichtsstücke		
	1 kg	2 kg	4 kg
1 kg	×		
2 kg			
3 kg			
⋮	⋮	⋮	⋮
...			

Überprüfe die Behauptung mithilfe einer Tabelle und stelle fest, bis zu welchem Gewicht seine Behauptung stimmt.

2 Die beiden Mobiles sind im Gleichgewicht. Bestimme das Gewicht der einzelnen Teile.

Seite 37 Aufgabe 2

a) Fisch: ...   Tintenfisch: ...

Seepferdchen: ...   Seestern: ...

b) ...

a)

b)

3 Berechne, wie schwer die Kinder sind. Vergleiche dein Vorgehen und deine Ergebnisse mit denen eines anderen Kindes. Überlegt gemeinsam, ob die Ergebnisse stimmen können.

a) Tim ist 4 kg schwerer als Lisa. Zusammen wiegen sie 52 kg.

Seite 37 Aufgabe 3

a) ...

b) Sofie und Maja sind gleich schwer. Sie wiegen zusammen 54 kg. Beide sind 3 kg leichter als Ole.

★ lösen Sachsituationen mit Größen
★ wenden ihre mathematischen Kenntnisse, Fähigkeiten und Fertigkeiten bei der Bearbeitung herausfordernder Aufgaben an

 37

Die Gewichtseinheit Tonne kennenlernen

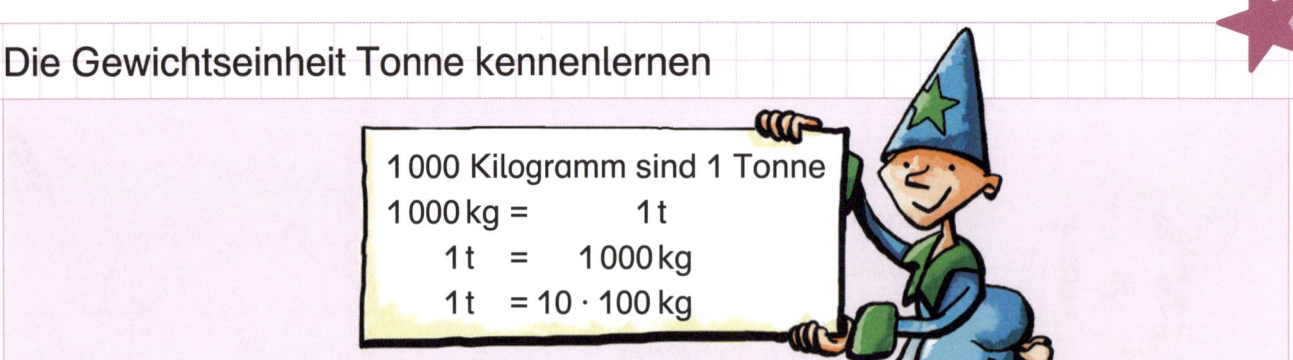

1000 Kilogramm sind 1 Tonne

$$1000\,kg = 1\,t$$
$$1\,t = 1000\,kg$$
$$1\,t = 10 \cdot 100\,kg$$

1 Frau Jahn möchte genau wissen, wie schwer ihr Auto tatsächlich ist. Sie fährt auf eine Bodenwaage. In ihren Autopapieren steht, dass das leere Auto 985 kg wiegt. Sie betrachtet den Wiegeschein.
Überlege gemeinsam mit einem anderen Kind, was die Gründe für die unterschiedlichen Gewichtsangaben sein können.

Gemeindewaage Gaufelden-Teilingen

1000 kg	Brutto	Verkäufer: *Frau Jahn*
		Käufer:
	Tara	Gegenstand: *Auto*
		gewogen durch:
	Netto	den, *04.06.* 201*6* Gebühr: *6,-*

2 Schreibe in dein Heft, welche Gewichtsangabe zu welchem Gegenstand passt. Erkundige dich, schlage im Lexikon nach oder recherchiere im Internet.

Seite 38 Aufgabe 2
Lastwagen: ... *t*
...

| 1 t | 10 t | 100 t | 1000 t |

| Lastwagen | Lastkahn | Wasserfass mit 1000 Liter Wasser | Elektrolokomotive |

3 Ordne Fahrzeuge und Tiere nach der Höhe ihres Gewichts. Du kannst in Büchern oder im Internet weitere interessante Gewichtsangaben suchen und in der Klasse aufhängen.

Seite 38 Aufgabe 3
a) ...

a)

Voll beladener Jumbojet	370 t
Mondrakete	2850 t
Straßenbahn	50 t
Scooter	5 kg
Rettungswagen (leer)	3 t
Mountainbike	12 kg

b)

Afrikanischer Elefant	6 t
Hamster	120 g
Kamel	600 kg
Reh	40 kg
Blauwal	130 t
Löwe	250 kg

★ finden zu Gewichtsangaben in der Maßeinheit Tonne entsprechende Repräsentanten
★ vergleichen und ordnen Objekte nach ihrem Gewicht

1 Gewichte von Fahrzeugen vergleichen

	Fahrrad	Pkw	Lkw	Bus	Mofa	Motorrad
ungefähres Gewicht	15 kg	1 500 kg	7 t	11 t	87 kg	200 kg

a) **Wie viele Fahrräder sind so schwer wie ein Pkw?**

b) Wie viele Pkws sind etwa so schwer wie ein Bus?

c) Wie viele Motorräder sind so schwer wie ein Lkw?

d) Suche selbst weitere Fragen und beantworte sie.

Seite 39 Aufgabe 1
a) 1 0 0 Fahrräder   b) ...

2

13 Maße über alles mm	L	4733	B	1950	H	1740
14 Leergewicht kg		1885	15 Zul. Gesamtgewicht kg		2810	

Im Fahrzeugschein eines Autos werden das Leergewicht und das zulässige Gesamtgewicht angegeben (so viel darf das Auto mit Beladung höchstens wiegen). Damit kann man ausrechnen, mit welchem Gewicht das Auto höchstens beladen werden darf.

	Kleinwagen	Mittelklassewagen	große Limousine	Kompaktwagen
Leergewicht	1 020 kg	1 501 kg	2 140 kg	1 385 kg
Zulässiges Gesamtgewicht	1 410 kg	2 030 kg	2 545 kg	1 970 kg

a) Berechne für mindestens ein Auto, wie viel es höchstens zuladen darf.

Seite 39 Aufgabe 2
a) ...

b) Berechne das Gesamtgewicht eures Autos, wenn alle Familienmitglieder (ohne Gepäck) im Auto sitzen.

★ entnehmen Informationen und unterscheiden dabei zwischen relevanten und nicht relevanten Informationen
★ lösen Sachsituationen mit Größen

Aufgaben zu Sachsituationen lösen

1 Ein Kleinbus darf genau 1 000 kg zuladen. Beim Sonntagsausflug möchte Familie Beerstecher beim Bauern Äpfel abholen.

Im Bus fahren mit: Vater (84 kg), Mutter (65 kg), Julian (46 kg), Nadine (38 kg).

a) Berechne, wie viel alle Familienmitglieder zusammen wiegen.

b) Wie viele Kisten Äpfel könnten sie höchstens einkaufen, wenn sie das Auto vom Gewicht her nicht überladen wollen?

c) Überlege, ob das überhaupt geht und sinnvoll wäre.

Seite 40 Aufgabe 1
a)   8 4 kg + ...
*   Familie Beerstecher wiegt ...*
b)   ...

2 Familie Mai sammelt auf ihrem Grundstück Äpfel. In der Mosterei sollen diese zu Saft verarbeitet werden. Die Säcke werden gewogen:

Seite 40 Aufgabe 2
...

1. Sack: 34 kg	**4. Sack:** 41 kg
2. Sack: 28 kg	**5. Sack:** 39 kg
3. Sack: 37 kg	**6. Sack:** 36 kg

Für je 5 kg Äpfel erhält man eine Flasche Apfelsaft. Wie viele Flaschen Saft erhält Familie Mai insgesamt?

3 In Aufzügen, Autos und Bussen finden sich oft Angaben, wie viele Personen jeweils mitfahren können. Bei all diesen Angaben wird pro Person ein Durchschnittsgewicht von 75 kg angenommen.

Seite 40 Aufgabe 3
...

Welche maximale Zuladung in kg ist vorgesehen?

Wie viele Personen dürfen höchstens befördert werden?

★ entnehmen unterschiedlich dargestellten Sachsituationen auf die Fragestellung bezogene Informationen
★ übersetzen Problemstellungen aus Sachsituationen in ein mathematisches Modell
★ überprüfen die Plausibilität von Ergebnissen